galactic jokes berlin

Bibliografische Informationen
der Deutschen Nationalbibliothek:
Die Deutsche Nationalbibliothek verzeichnet diese
Publikation in der Deutschen Nationalbibliografie;
detaillierte bibliografische Daten sind
im Internet über www.dnb.de abrufbar.

Herstellung und Verlag:
BoD – Books on Demand, Norderstedt

ISBN 978-3-7347-9669-2

von galactic jokes berlin

why ✦✦✦ cs yournal
Weihnachtsjournal

Nikoläuse W-Männer
Fr. Kugel und Fr. Stern

Viel Spaß
wünscht die
Zeichnerin
Maren Roloff.

W-Manntraining

Outfit

Beratung

Bescherung

Kartoffelsalat mit Würstchen

und

Gans

DUDU
galactic jokes berlin
das Training beginnt Anfang Mai

auch in Berlin

waschen

Zähne Stiefel putzen

immer mit der Ruhe

dumm gucken muß man auch können

OUTFIT:

und

Requisiten

Ru T

und

Glöckchen

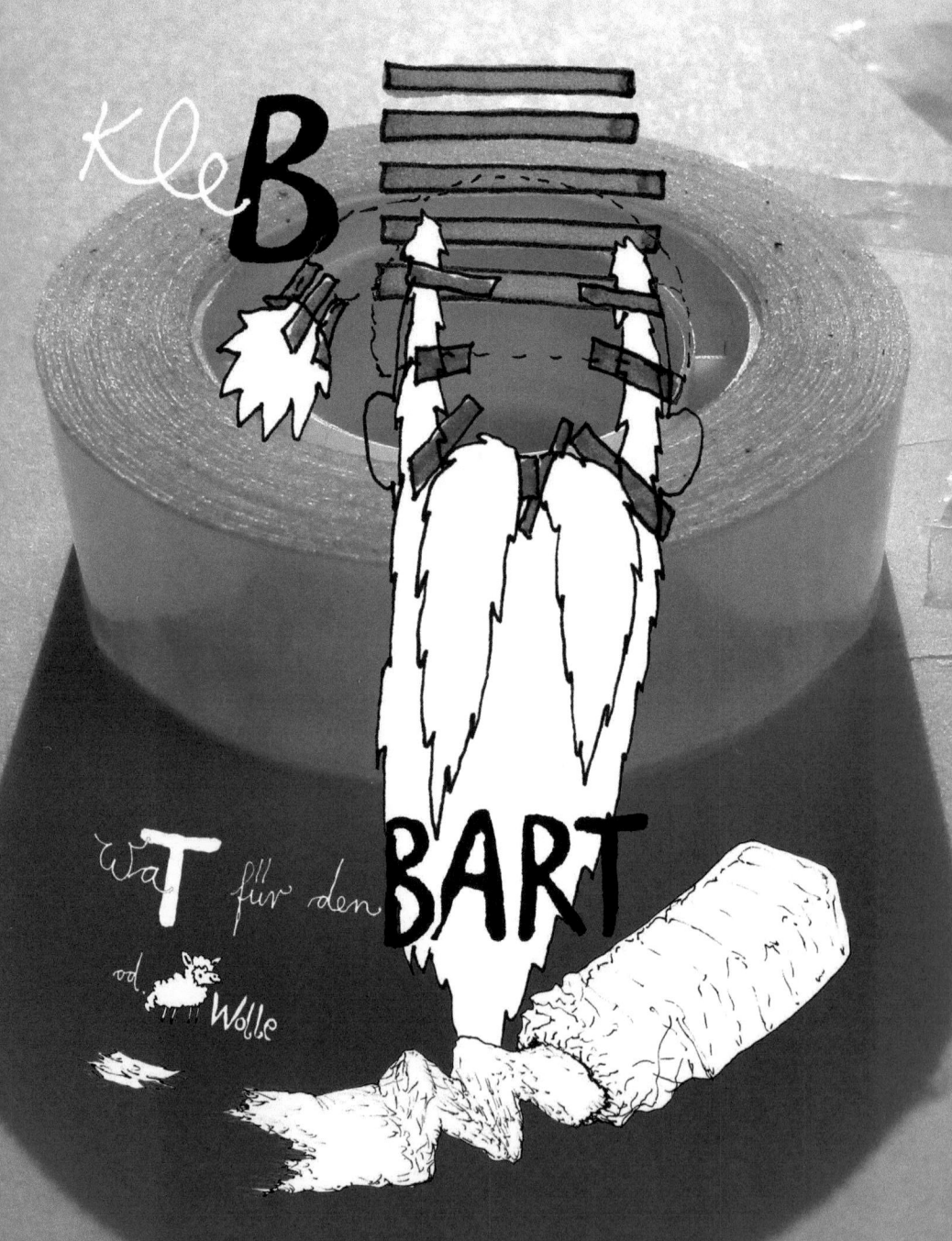

Sackmesse

1 Tetti

1 Bupe

PEACE

Strigjage

Rottkepchen und der bose Wolf

LOVE

MannTel.:

klassischer Fellbesatz

braun od. rot

MütZe mit BommL

&

& ROCK'N ROLL

Hose hohe od.

Ho Ho ho hoh OH

oh HO

tiefe Stimme

bei hoher Stimme Helium aus Luftballon!
je nach Veranlagung;
sonst alter Husten

merry christmas

galactic jokes berlin

merry christmas

und
Frau Kugel
die Erde ist rund
mach doch, mal ein Eselsohr
treib es bunt

schenke doch mal wieder :

parfümierte Körperpflegemilch

Schlips

Friseurgutschein
für

.. ..

mach doch
nochmal ein
Eselsohr

Hängematte

gute Buntstifte

galactic jokes berlin Abo

wachsmalstift

1

Qli (Einweg)

Einwegkuli

musikal bumserie

MusikAlbumSerie

hum { ta } hum ta
{ humm } { ta ta

sssßplisch

kling { glöckchen }
{ klingelingeling

Duft

24

lecker

basteln

leck Er!

zum Backen
nehmen wir die gute Butter

gehabt!

Tipp Tipps

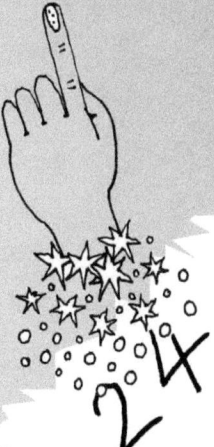

24

full

galactic jokes berlin

Der *hängende* Baum

Oh du fröhlihichehe

er kommt

Der Weihnachtsmann kommt ~~nicht~~ !

... noch schwindelig von der Reise

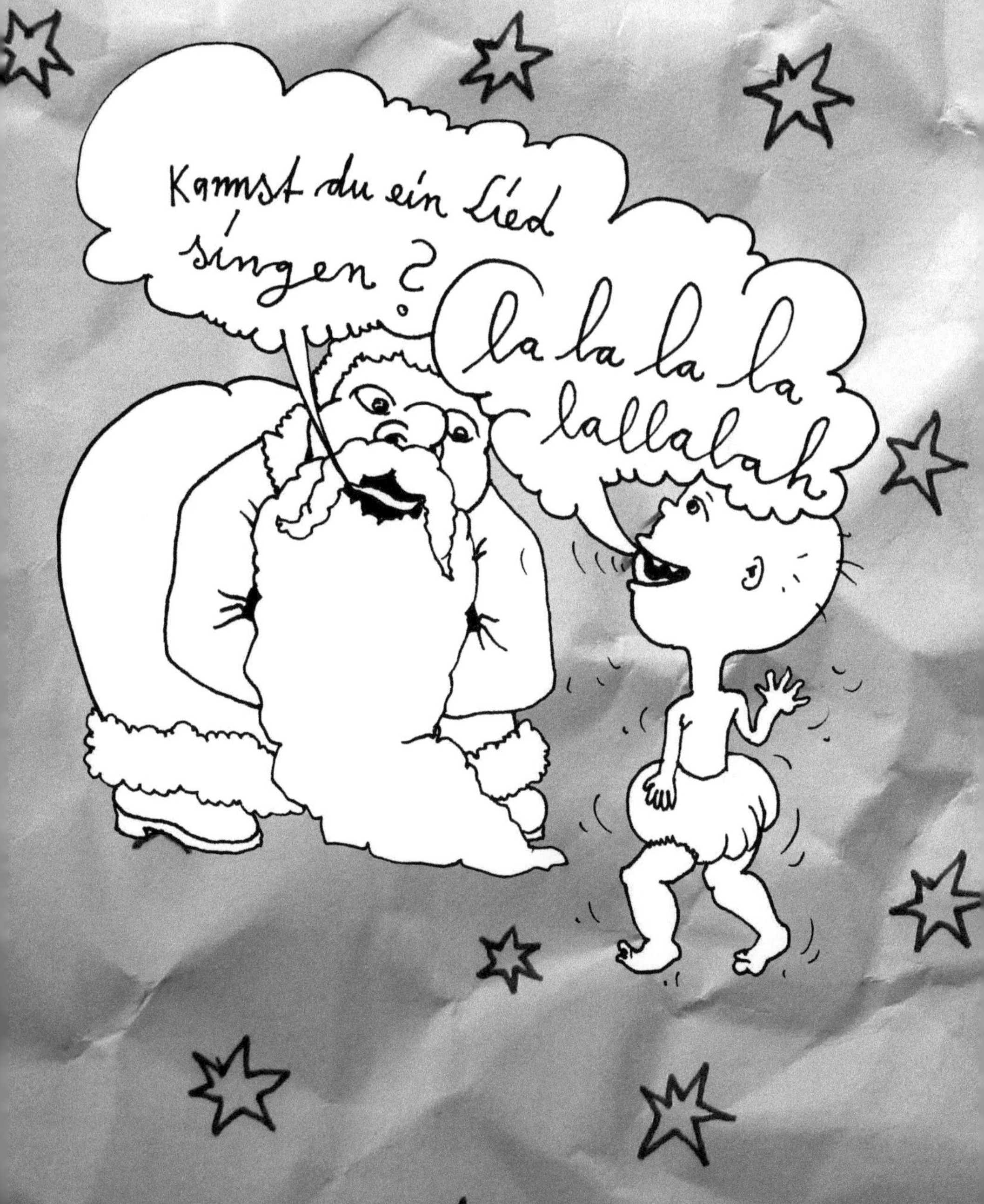
Kannst du ein Lied singen?
la la la la lallalah

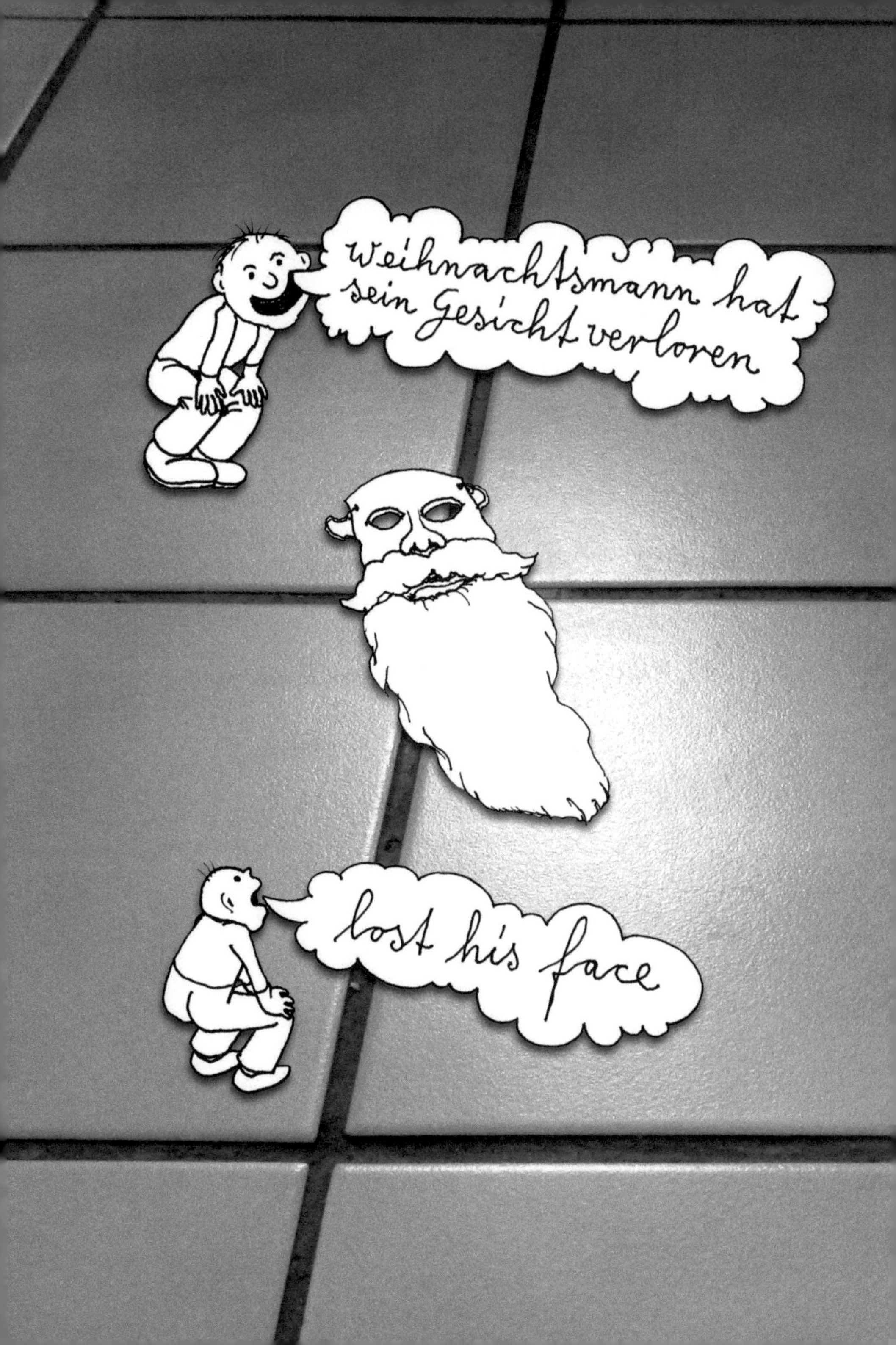
Weihnachtsmann hat sein Gesicht verloren
lost his face

Die

sweet

Knacker

0 80

... aus der Kiste

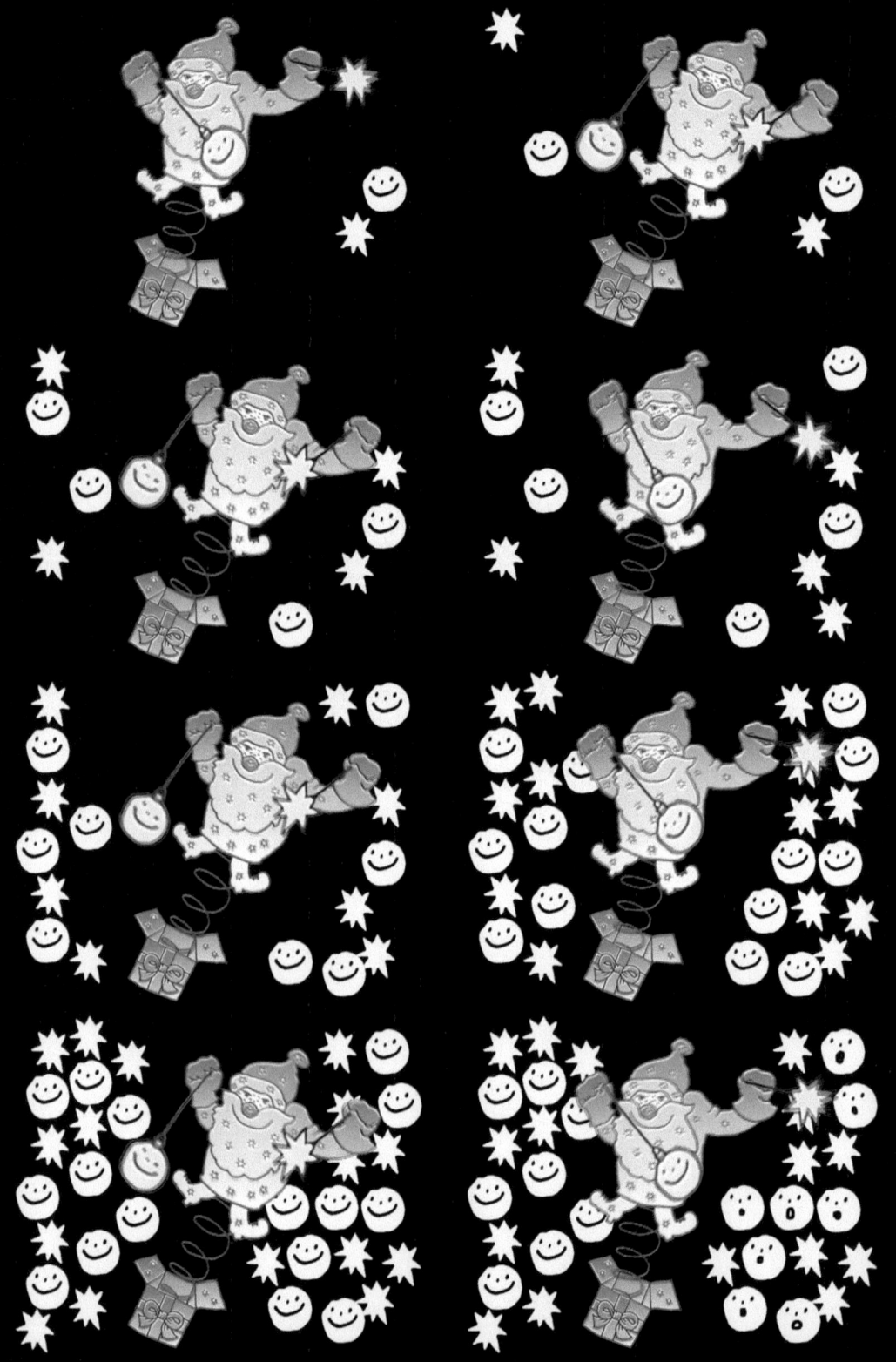

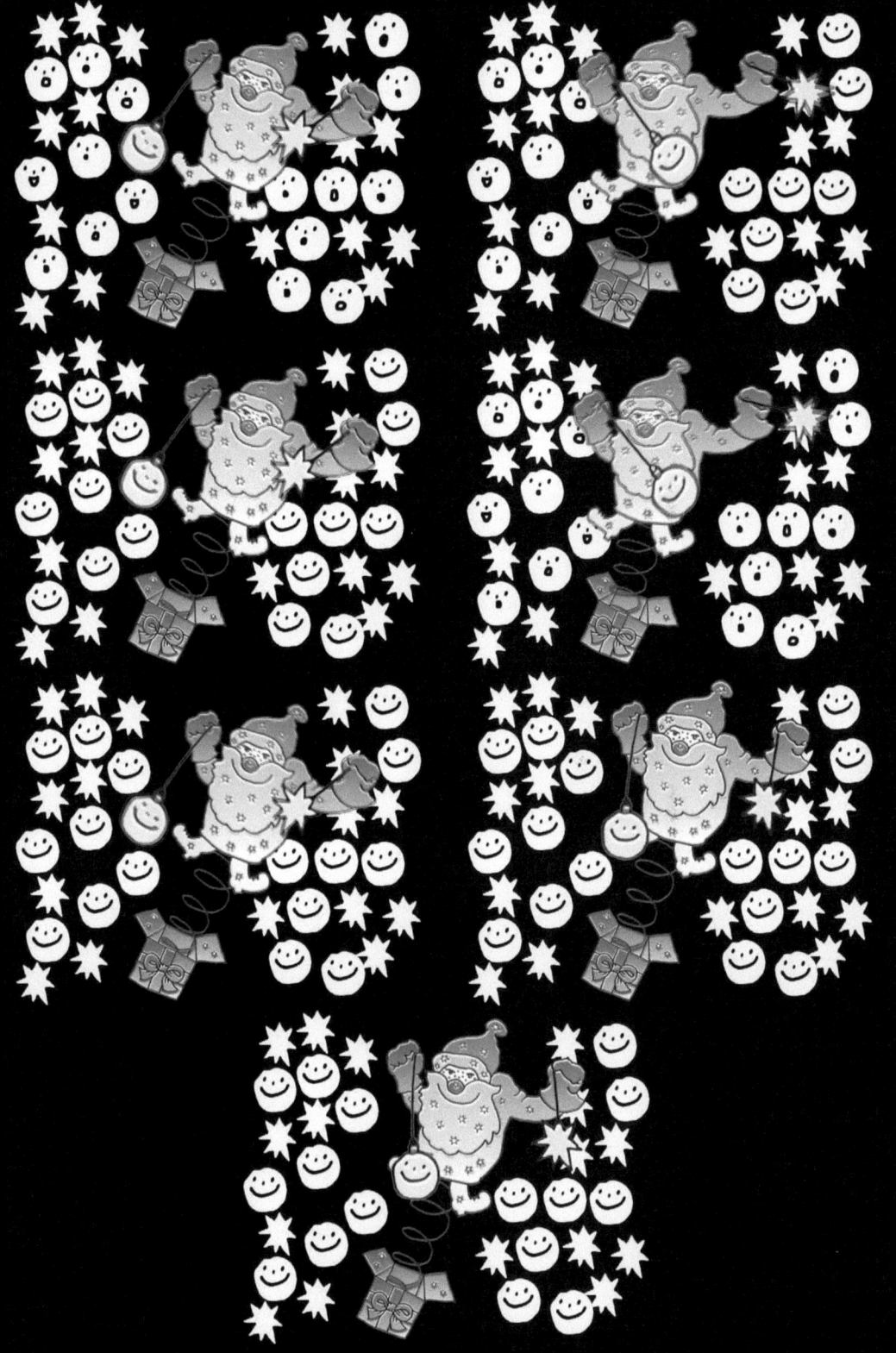

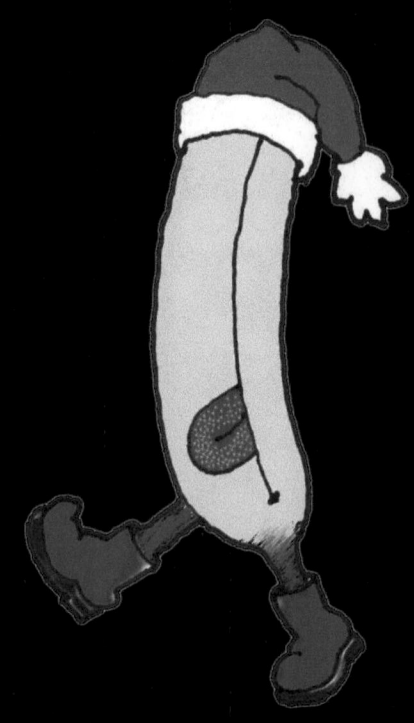

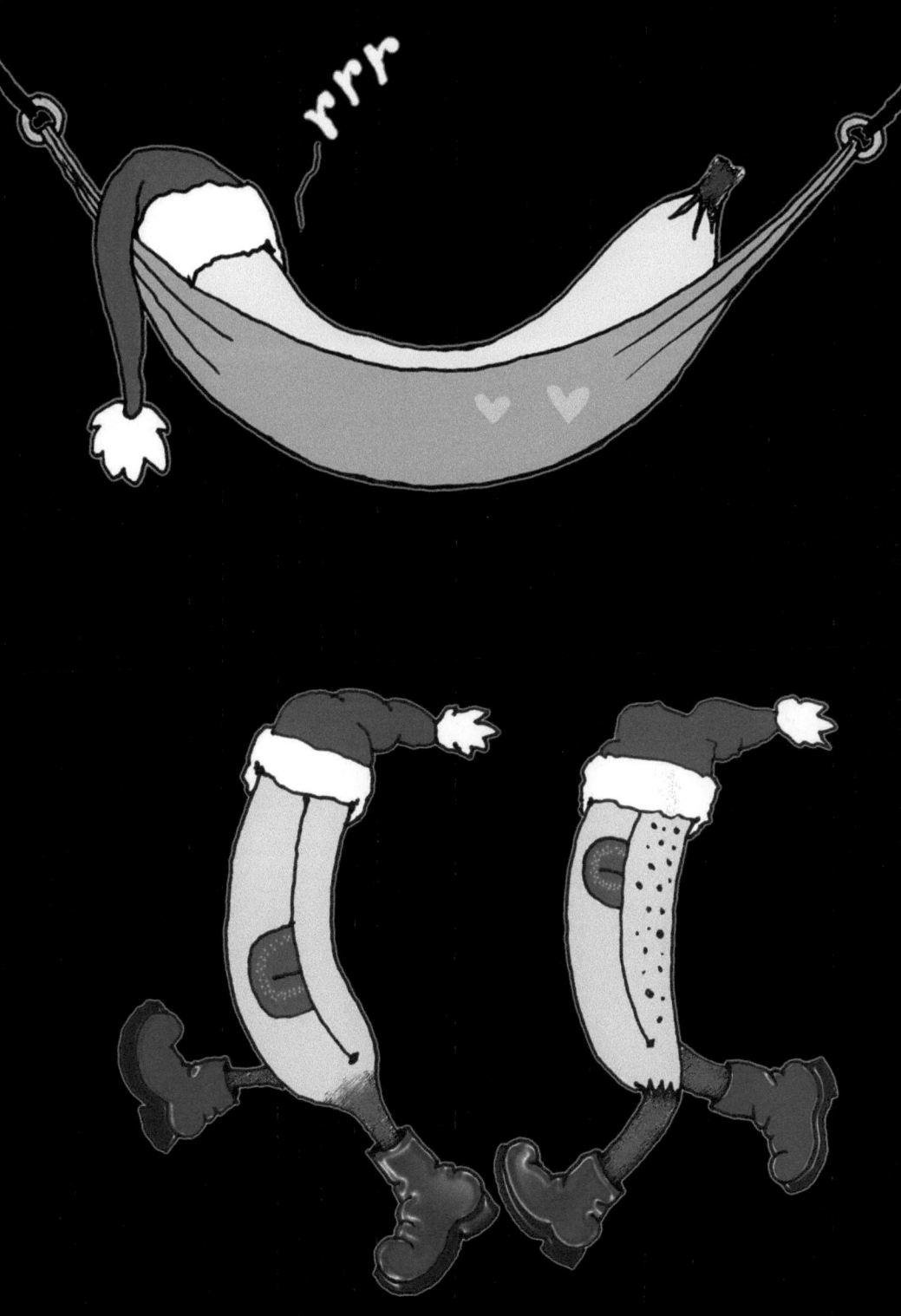

guten Appetit !

Weihnachtskatze

Psssst!

Das kleine Mädchen
mit den Schwefelhölzern

Die tanzende Gans

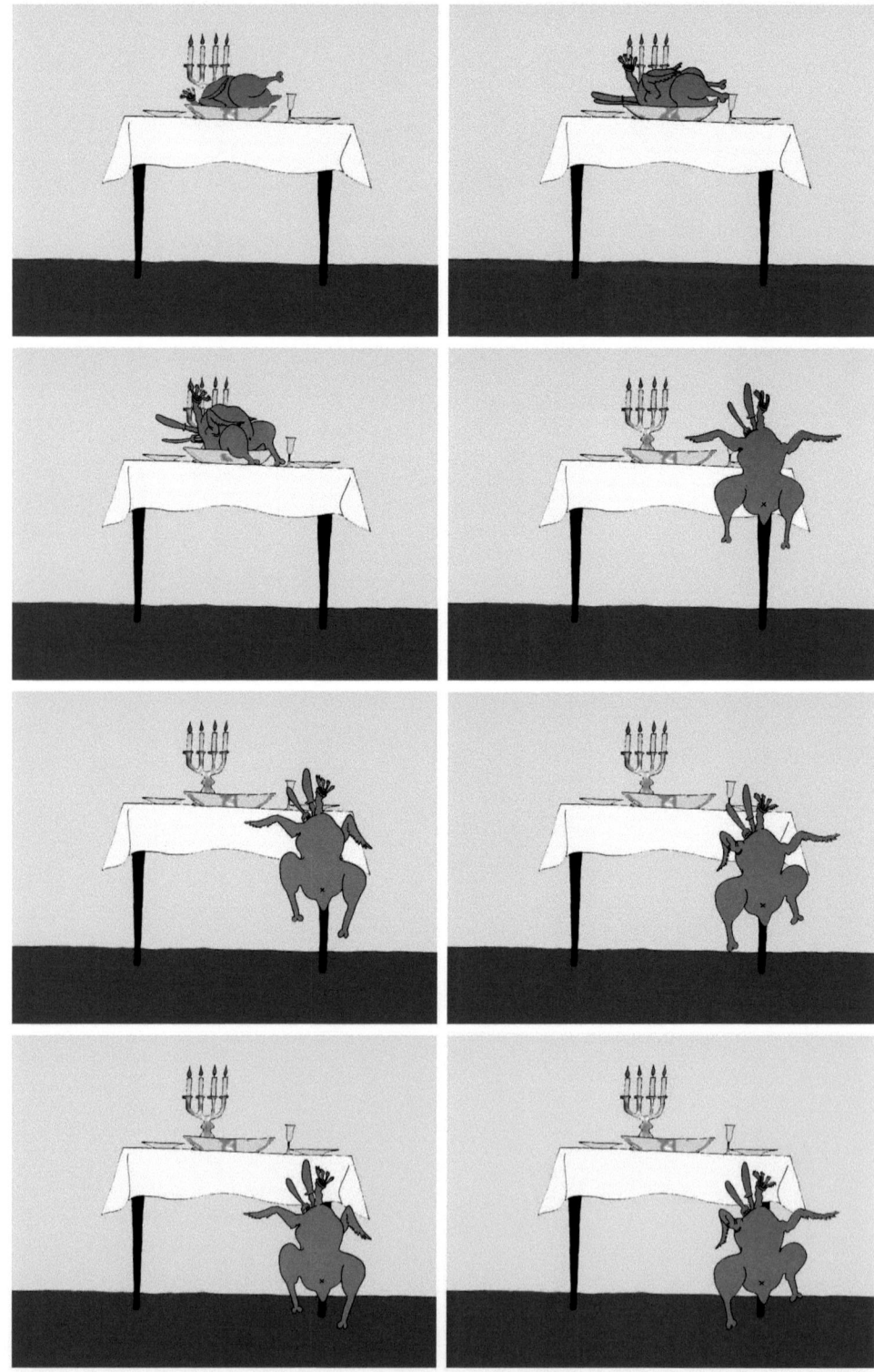

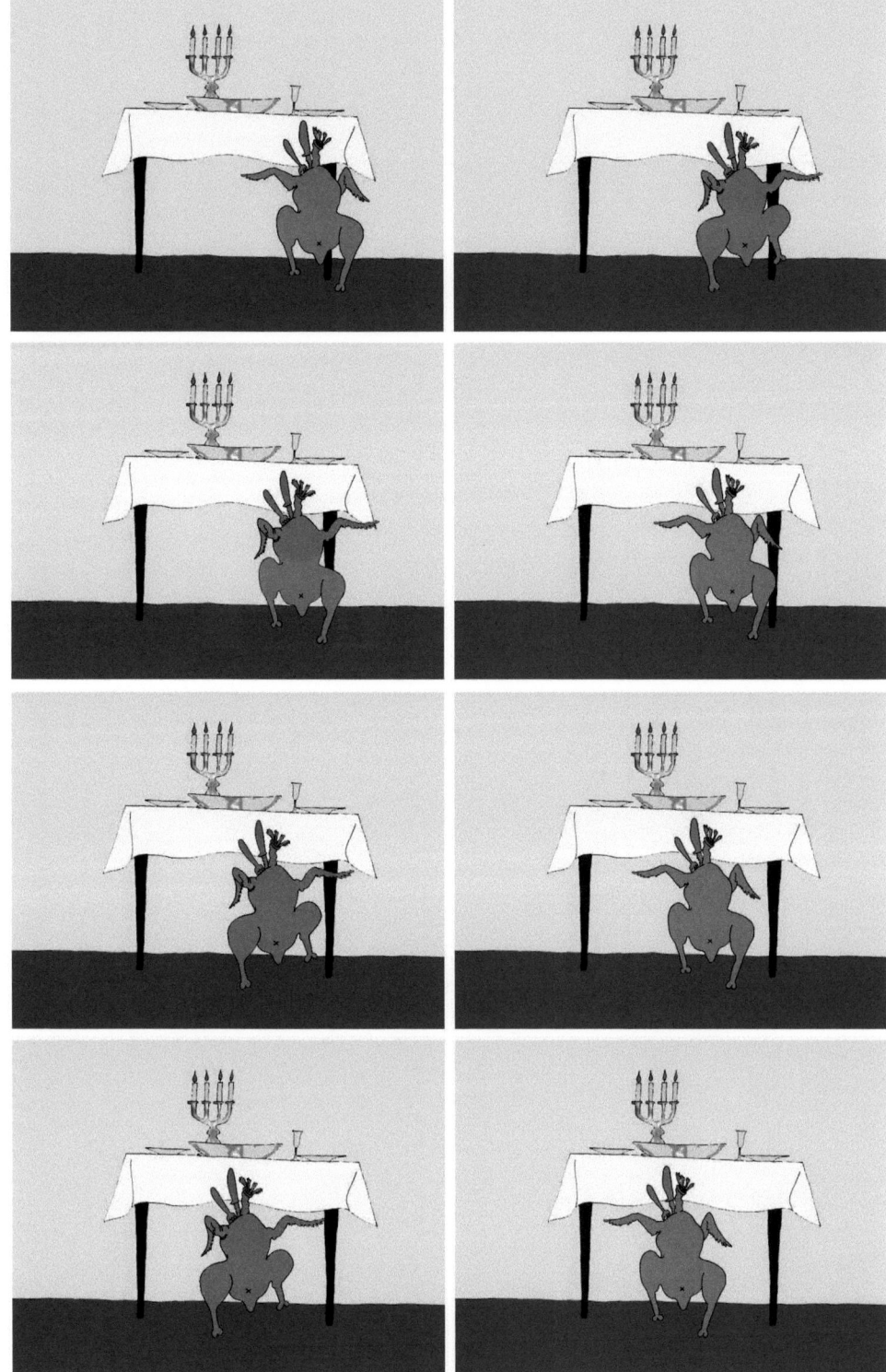

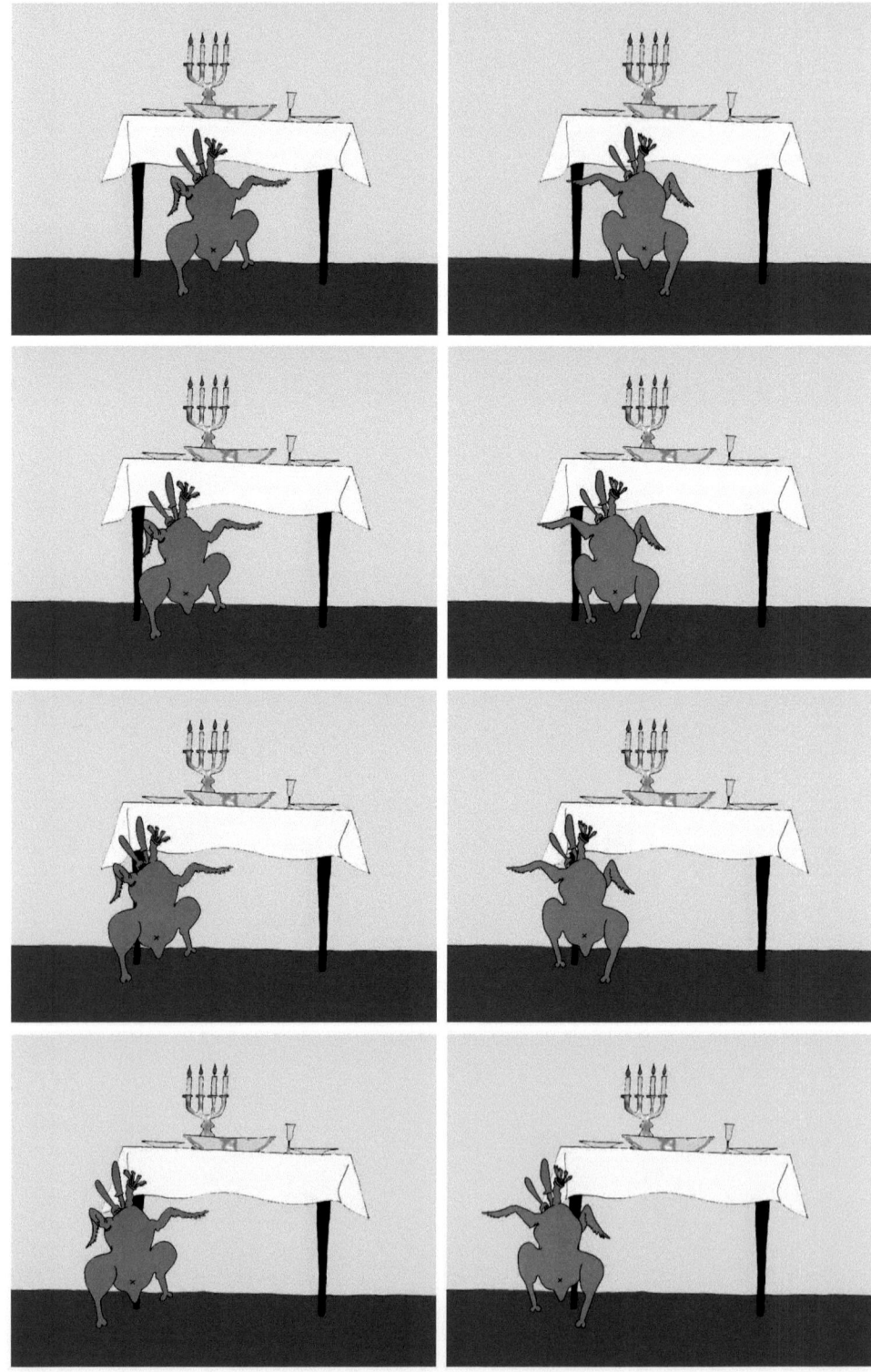

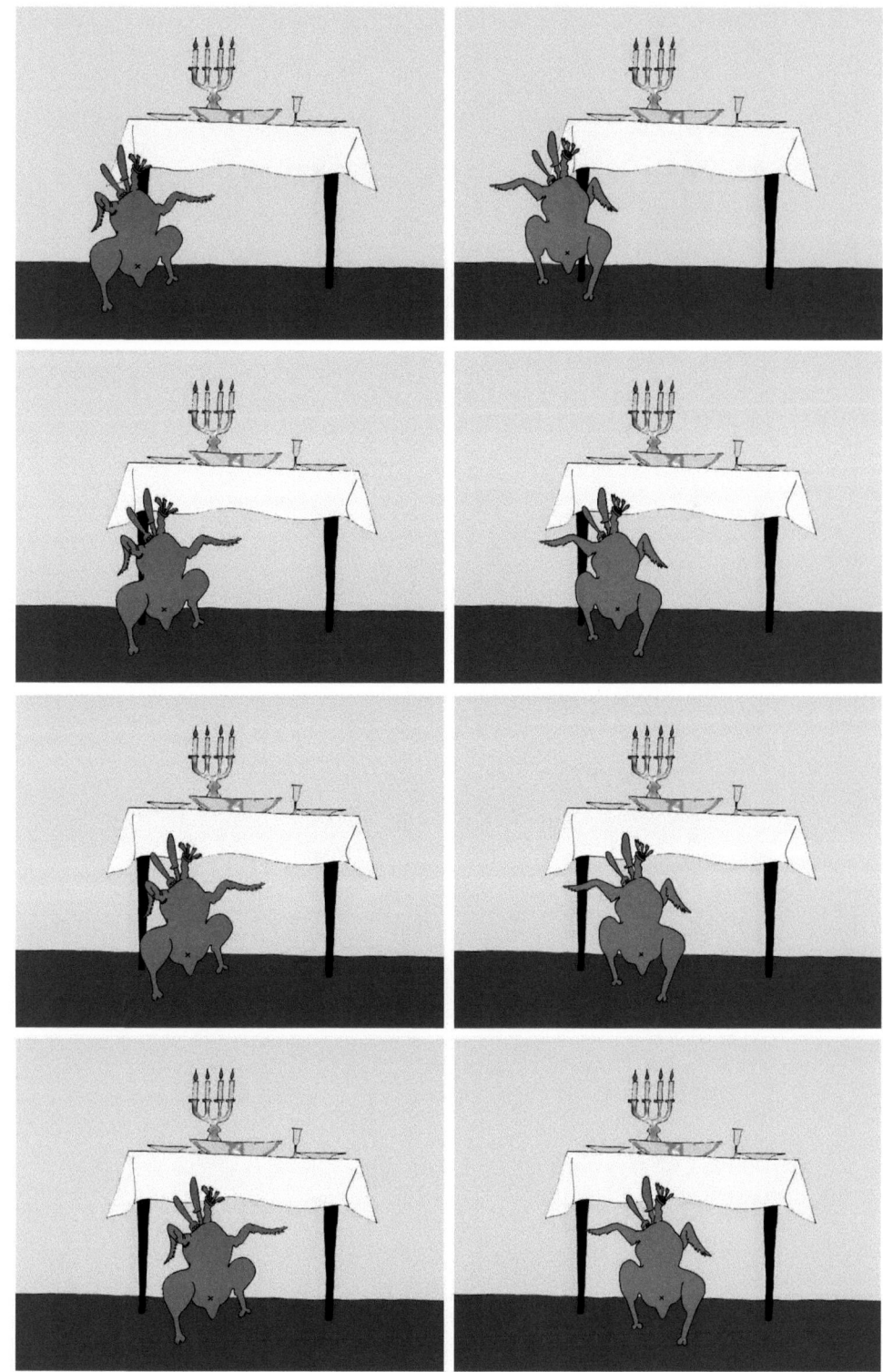

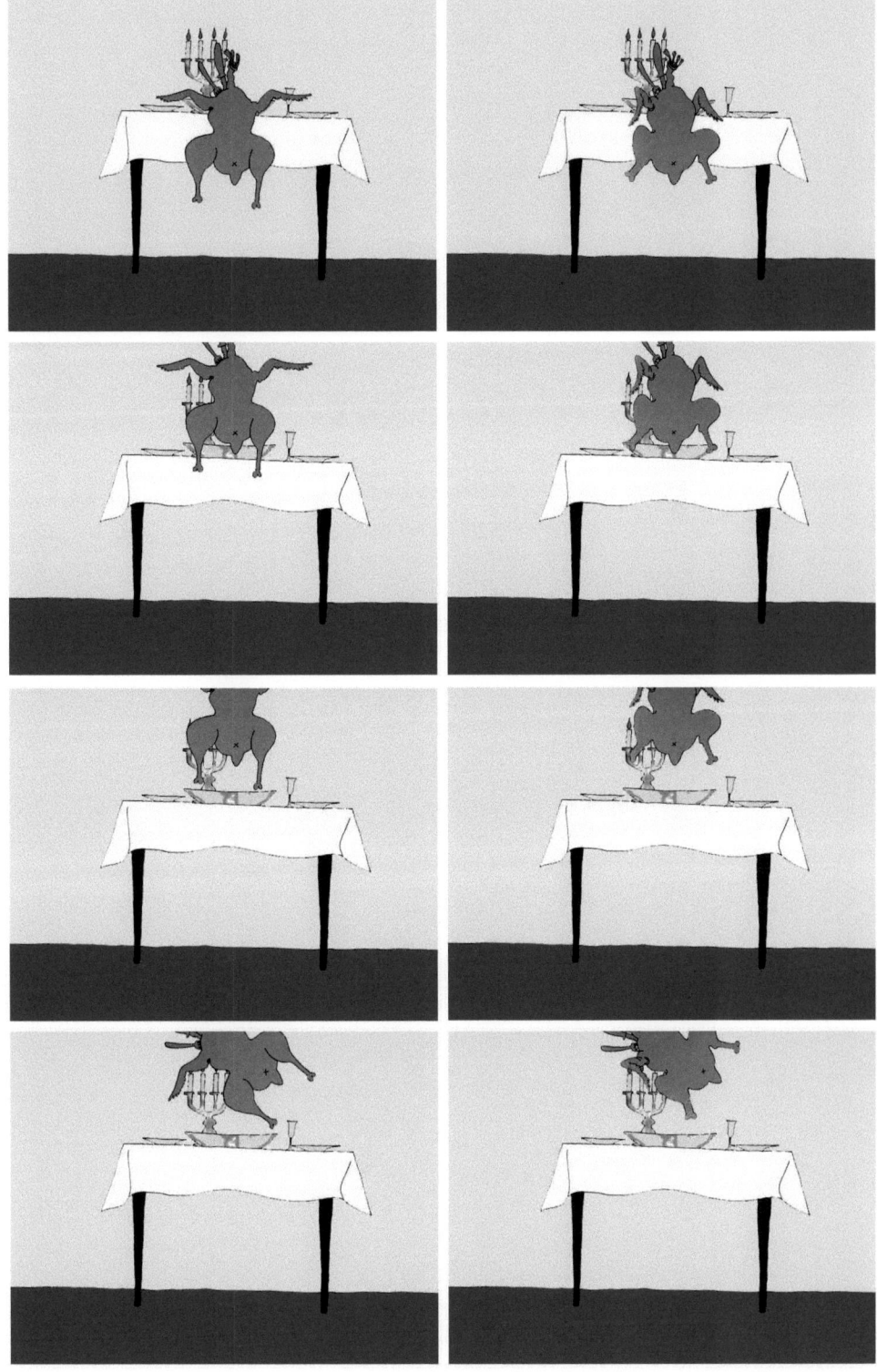

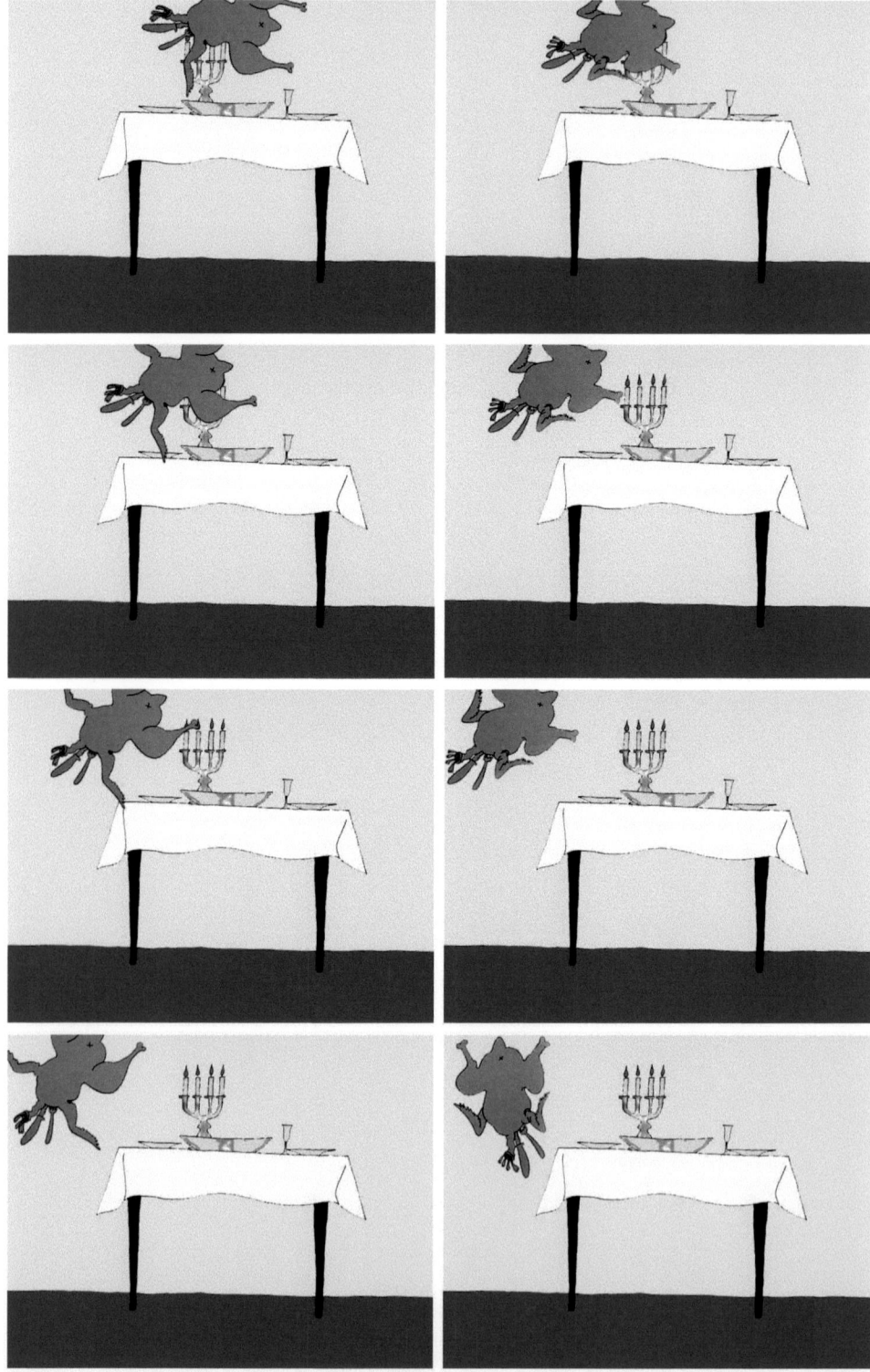

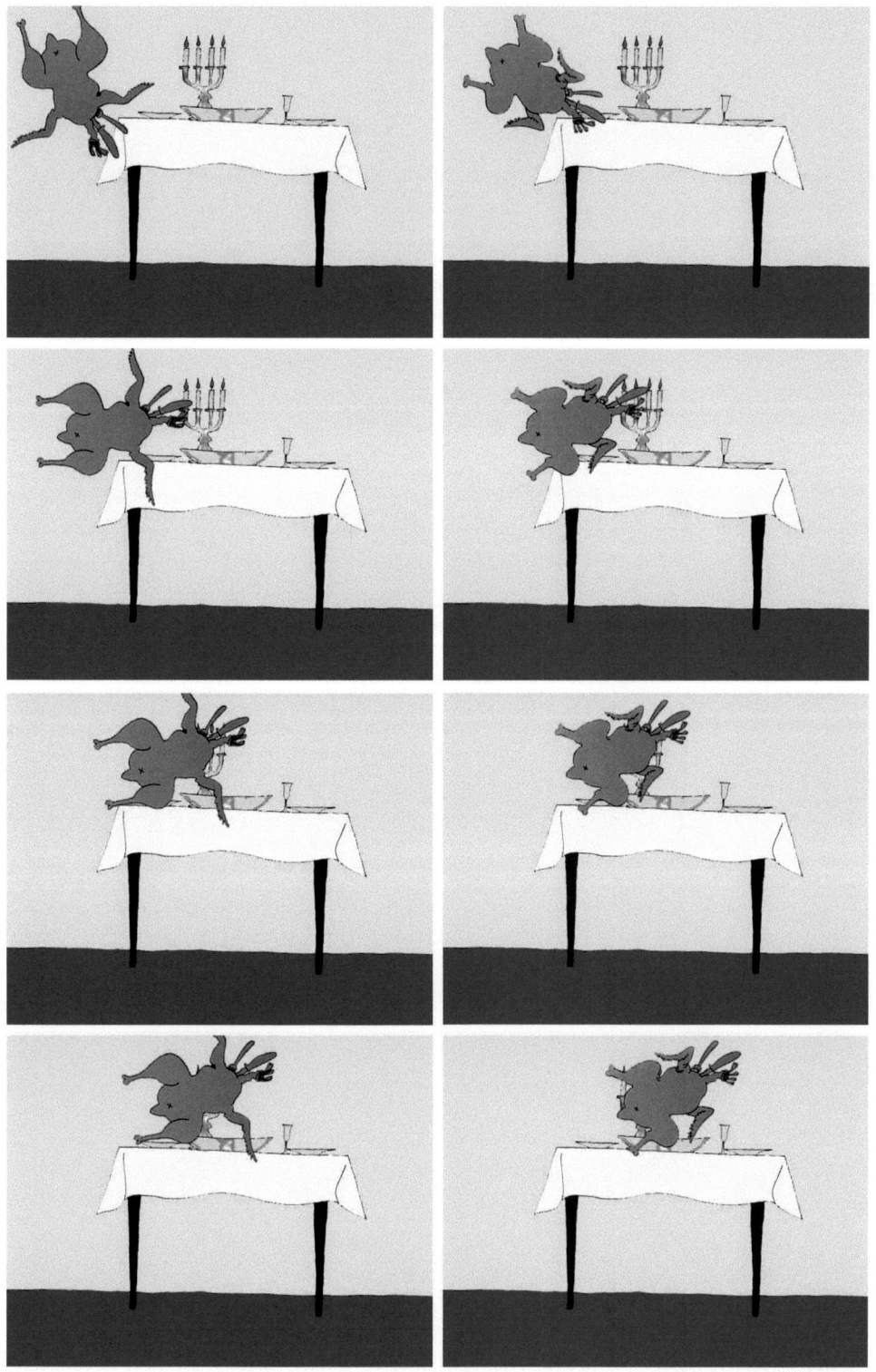

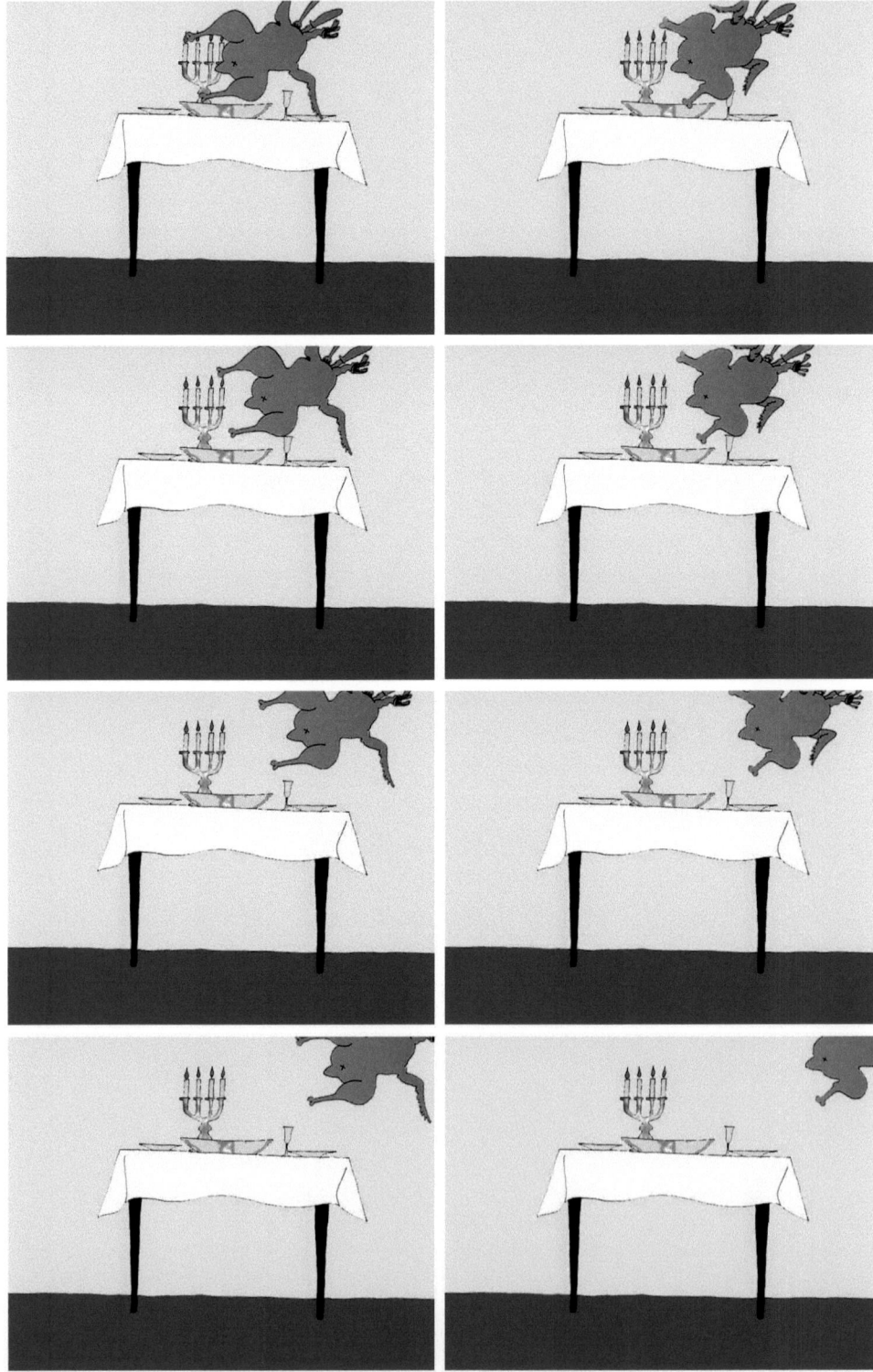

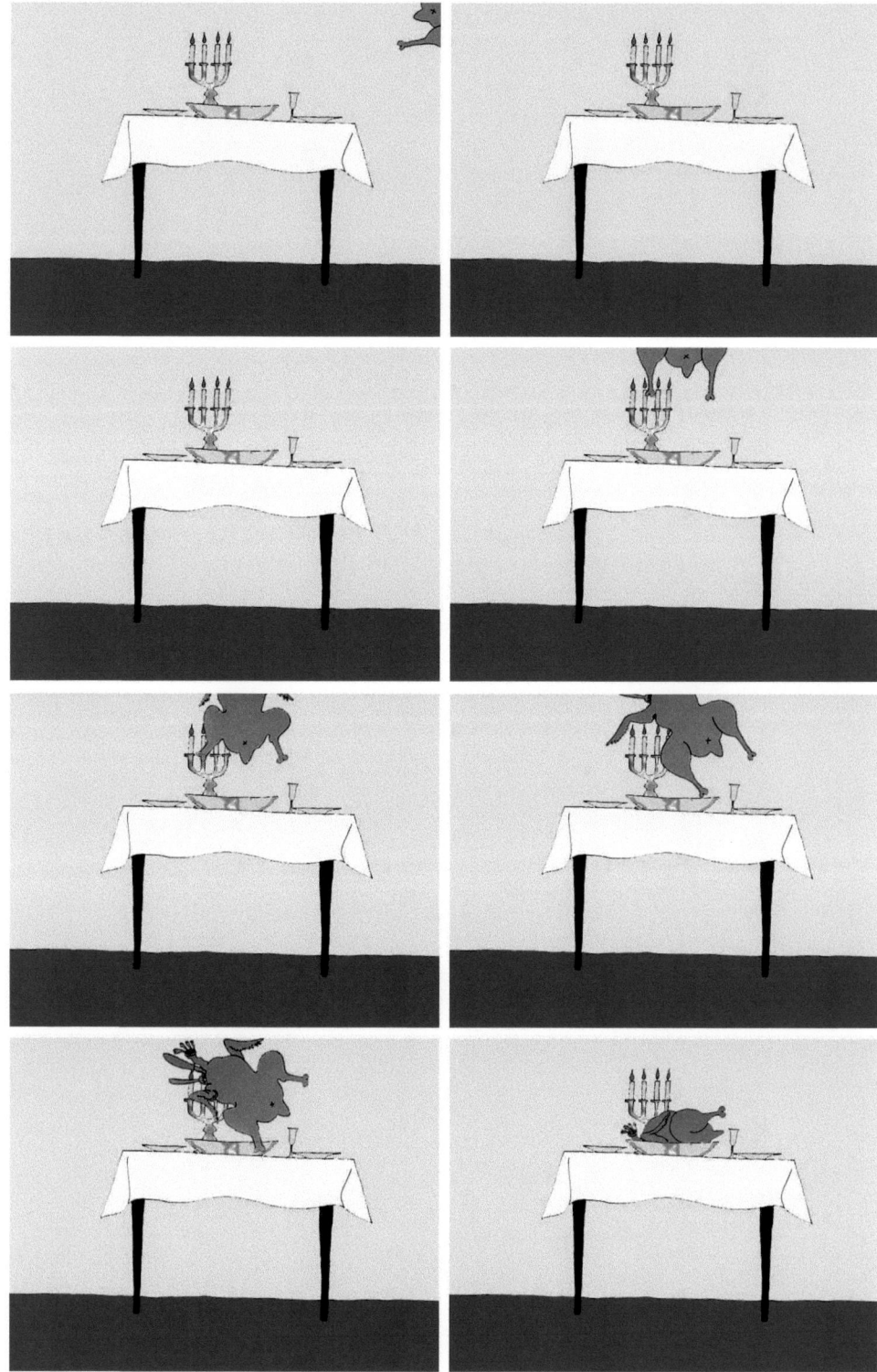

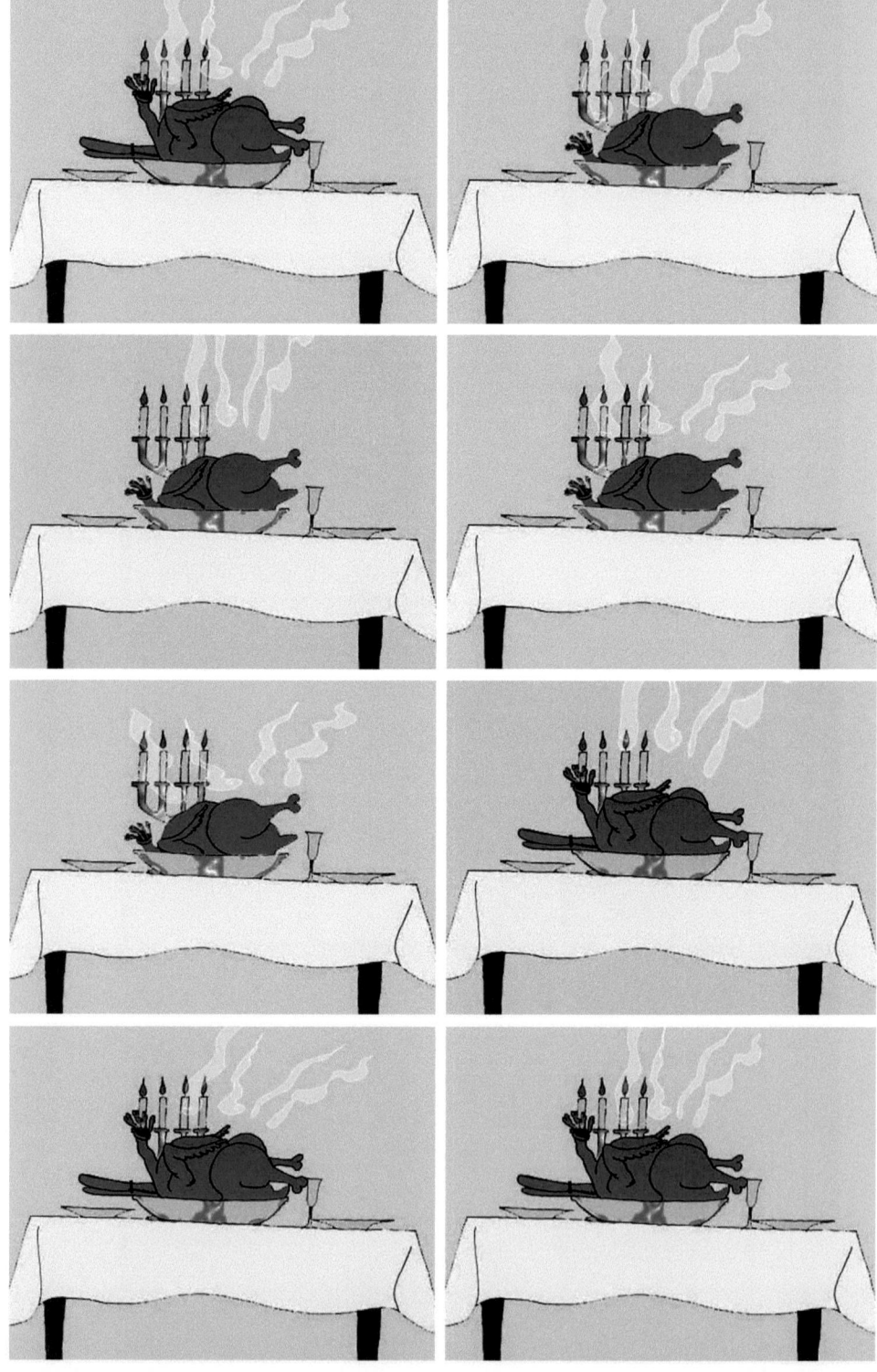

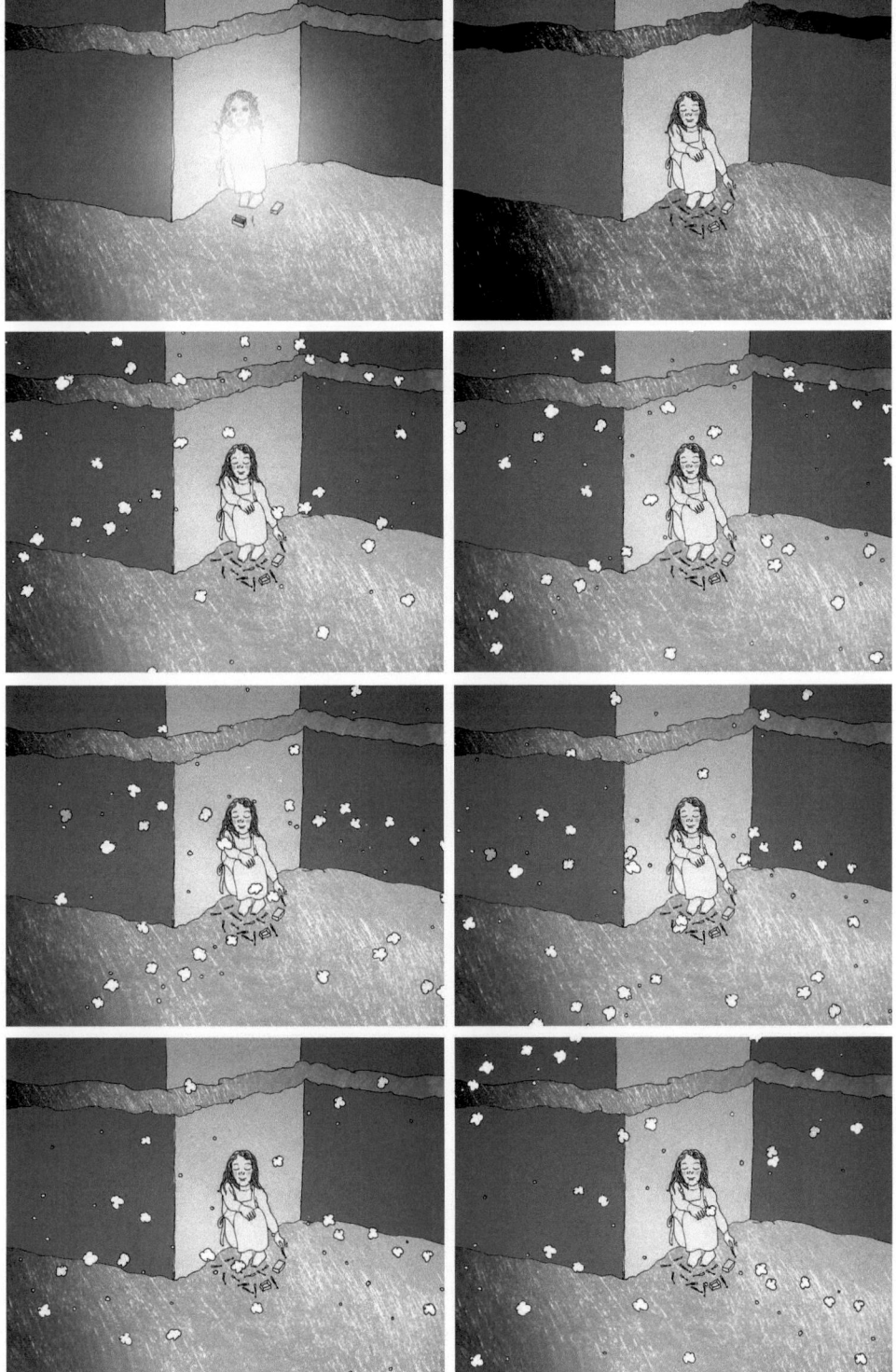

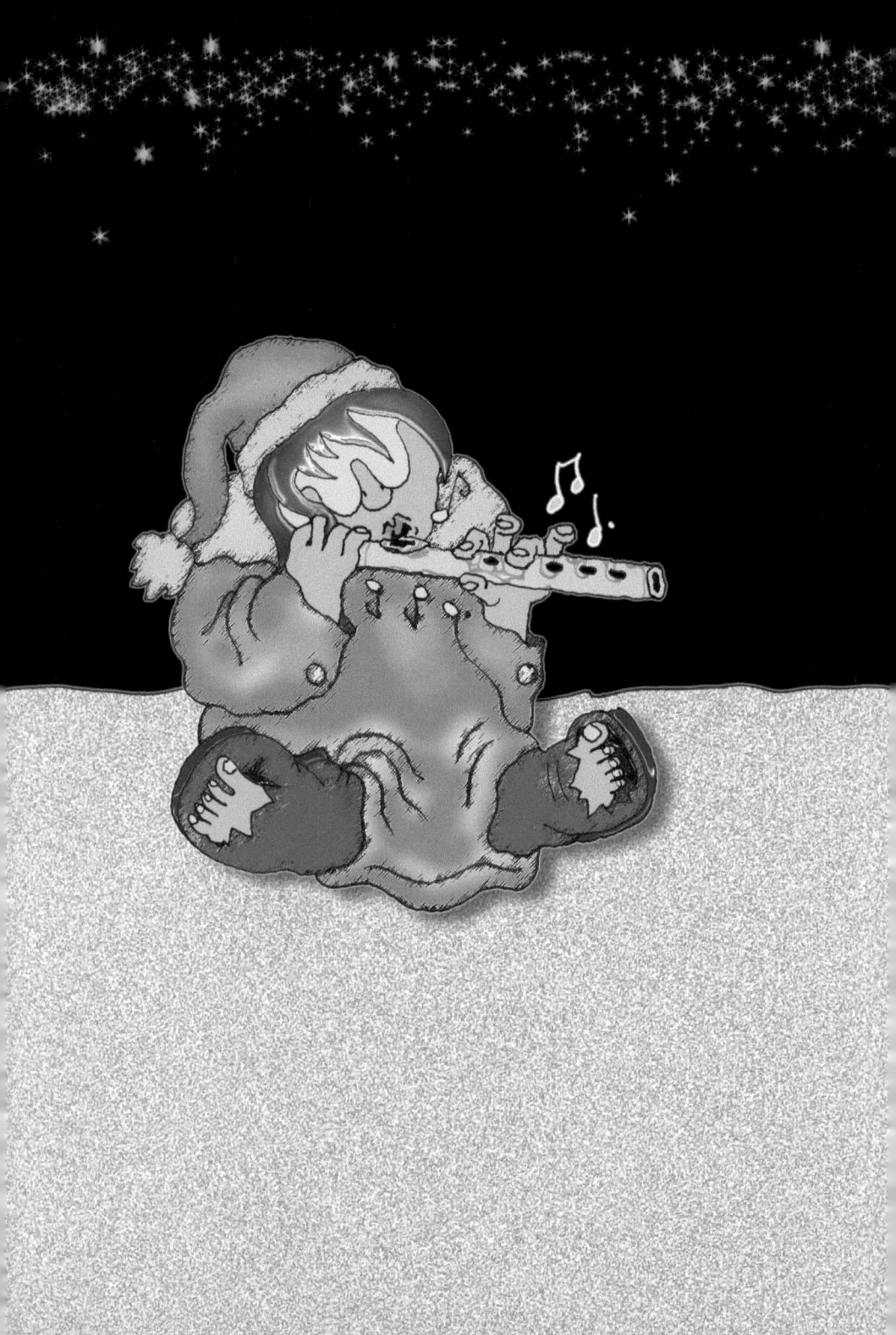

Wüstenweihnacht

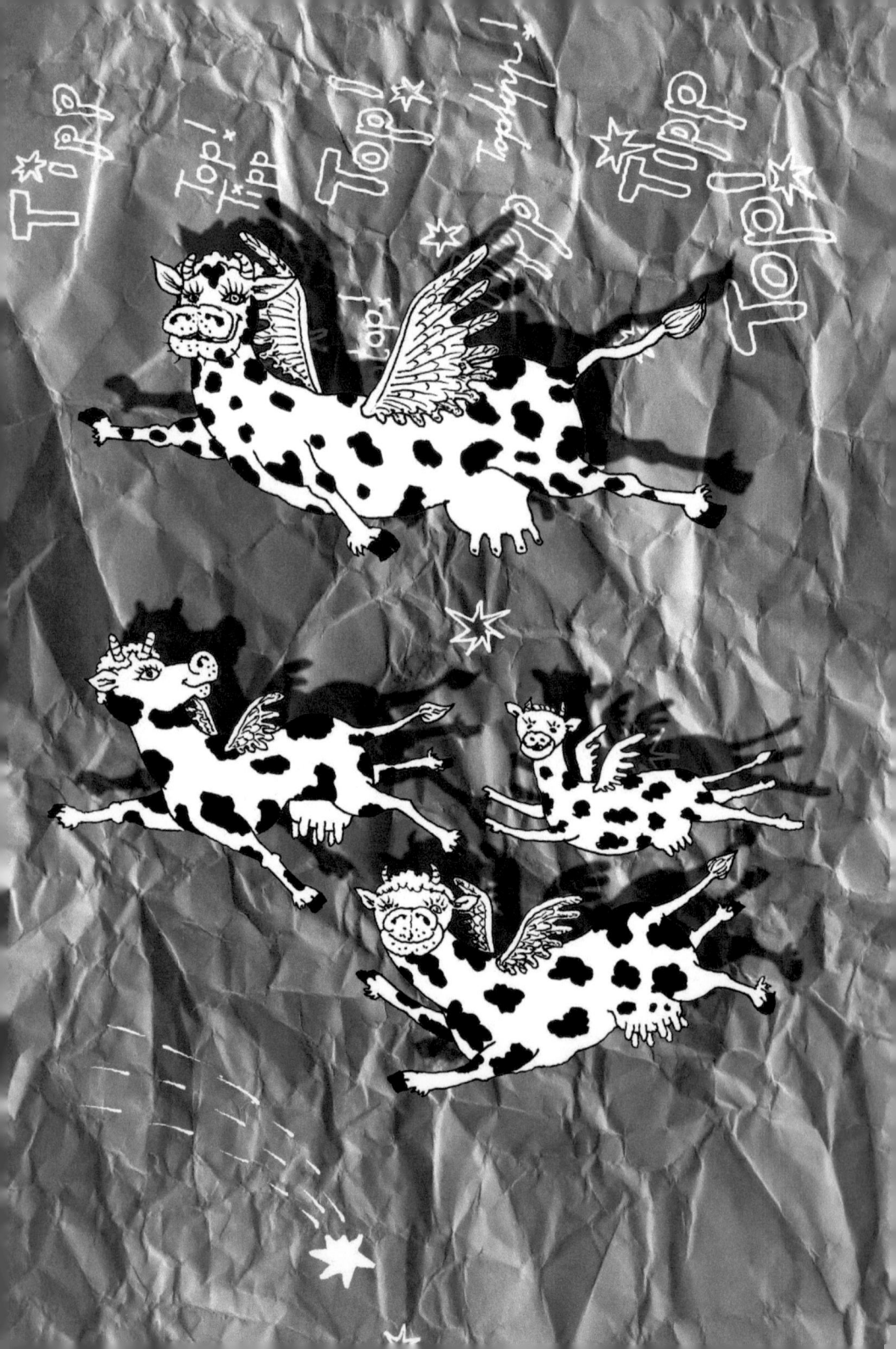

zehn kleine Himmelbimmel

Glockenblumen

Glockenstuhl

Schneeglöckchen

Glockenspiel

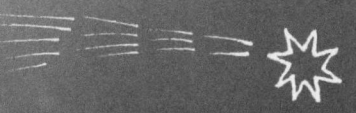

live chat

Zeichnung:
Maren
Roloff

Realisation:
Maren Roloff

Castin:SCa
g   n:Bearbeitun
                 g:
Maren Roloff

KorreKturKollage:
Maren Roloff

MaSKeMusikFotoUmschlag:
Maren Roloff

TeXtRegieSponsoringStunts:
Maren Roloff

usW.

bisher erschienen :

ISBN-10: 9783738693843
ISBN-13: 978-3-7347-5373-2

ISBN-10: 9783738694369
ISBN-13: 978-3-7347-5892-8

ISBN-10: 9783738694741
ISBN-13: 978-3-7347-5989-5

Maren Roloff
BilderRätsel
Taschenbuch
68 Seiten
14,8 x 21cm

erschienen bei
Books on Demand.

Mehr Info:
www.galactic-jokes-berlin.de

galactic jokes berlin

Maren Roloff
BilderRätsel für Frauen
Komik und Hirnjogging

ISBN-10: 3734767547
ISBN-13: 978-3734767548

Taschenbuch, 88 Seiten
14,8 x 21cm
erschienen bei
Books on Demand.

ein schönes Geschenk !

Maren Roloff
BilderRätsel für Frauen
Komik und Hirnjogging

ISBN-10: 373476873X
ISBN-13: 978-3734768736

Taschenbuch, 88 Seiten
14,8 x 21cm
erschienen bei
Books on Demand.

statt Blumen !
(oder nur einer
Postkarte für 1,20 ;)

Maren Roloff
WeißHighTen für Fortgeschrittene
Ein Anti-Stress-Buch von galactic jokes berlin © Maren Roloff
Allseits bekannte Aussprüche und geflügelte Worte in Zeichensprache
(wie z.B.: den Stein in rollen bringen, Zucker in den Hintern blasen,
Maulaffen feilhalten, mit Kind & Kegel oder sein Geschäft machen usw, ...)
Ein Vergnügen, sie wiederzuerkennen.

ISBN-10: 3734774373
ISBN-13: 978-3734774379
Taschenbuch, 108 Seiten, 14,8 x 21 cm

piraten highraten
Das Grusel-Buch in 5 Akten

von galactic jokes berlin
© Maren Roloff.

Bildrätsel, Geschichten
und Aussprüche
in Text- und Zeichensprache.
Etwaige Lösungen
stehen rückwärts darunter.
Anti Stress.

ISBN-10: 373478350X
ISBN-13: 978-3734783500

High
Das Grusel-Buch
von galactic jokes berlin
© Maren Roloff.

Finstere Zeichensprache
in fünf Akten.
Ob allein oder zu zweien,
ein bisschen Gänsehaut
muss sein!

ISBN-10: 3734781191
ISBN-13: 978-3734781193

Taschenbücher
108 Seiten. 14,8 x 21 cm

Info & Bildbeispiele:
www.galactic-jokes-berlin.de

high noon
Das amüsante Ratebuch für Männer mit KomikBildrätseln
zu Männerthemen von galactic jokes berlin © Maren Roloff.
Die Lösungen stehen rückwärts darunter.

...Mann müsste man sein! Anti Stress.

ISBN-13: 978-3734782480
Taschenbuch, 108 Seiten, 14,8cm x 21cm
Mehr Info und Bildbeispiele:
www.galactic-jokes-berlin.de

Vorschau:

Maren Roloff
toy father
Das Buch für Coole
von galactic jokes berlin.

Wild Geflügel Tiefkühlkost Eiscreme.

galactic-jokes-berlin.de